Entrenamiento bajo el agua

Danica Kassebaum

✳ Smithsonian

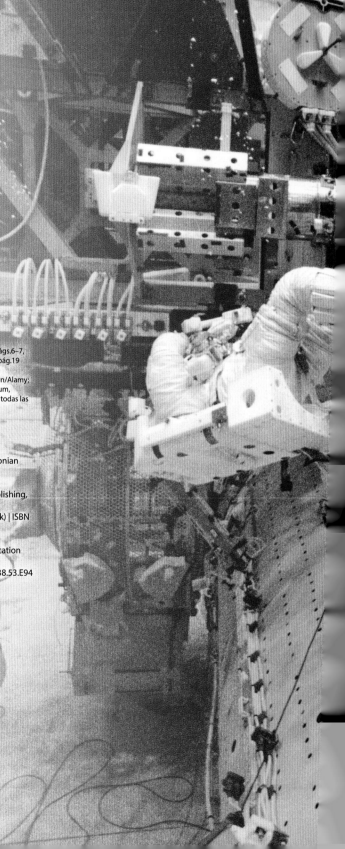

Autora contribuyente

Allison Duarte, M.A.

Asesoras

Tamieka Grizzle, Ed.D.
Instructora de laboratorio de CTIM de K–5
Escuela primaria Harmony Leland

Valerie Neal
Curadora y directora del Departamento de Historia Espacial
Smithsonian National Air and Space Museum

Créditos de publicación

Rachelle Cracchiolo, M.S.Ed., *Editora comercial*
Conni Medina, M.A.Ed., *Redactora jefa*
Diana Kenney, M.A.Ed., NBCT, *Directora de contenido*
Véronique Bos, *Directora creativa*
Robin Erickson, *Directora de arte*
Seth Rogers, *Editor*
Caroline Gasca, M.S.Ed., *Editora superior*
Mindy Duits, *Diseñadora gráfica superior*
Walter Mladina, *Investigador de fotografía*
Smithsonian Science Education Center

Créditos de imágenes: portada, págs.2–3, págs.4–5, pág.6 (recuadro), págs.6–7, pág.7 (superior), pág.10, pág.11 (inferior), pág.12–15, pág.17 (superior), pág.19 (ambos), pág.32 (derecha) NASA; pág.7 (inferior) dominio público; pág.8 Vicspacewalker/Shutterstock, págs.16–17, pág.18 Stephen Frink Collection/Alamy; pág.22 UpperCut Images/Alamy; pág.24 FDR Presidential Library & Museum, fotografía de Margaret Suckley; pág.27 (superior) Aabejon/Getty Images; todas las demás imágenes cortesía de iStock y/o Shutterstock.

Library of Congress Cataloging-in-Publication Data

Names: Kassebaum, Danica, author.
Title: Entrenamiento bajo el agua / Danica Kassebaum, Smithsonian Institution.
Other titles: Underwater training. Spanish
Description: Huntington Beach : Teacher Created Materials Publishing, [2020] | Includes index. | Audience: Grades 2-3
Identifiers: LCCN 2019035320 (print) | LCCN 2019035321 (ebook) | ISBN 9780743926935 (paperback) | ISBN 9780743927086 (ebook)
Subjects: LCSH: Aquatic exercises--Juvenile literature. | Aquatic exercises--Therapeutic use--Juvenile literature. | Physical education and training--Juvenile literature.
Classification: LCC GV838.53.E94 K3618 2020 (print) | LCC GV838.53.E94 (ebook) | DDC 613.7/16--dc23

 Smithsonian

Teacher Created Materials

5301 Oceanus Drive
Huntington Beach, CA 92649-1030
www.tcmpub.com

ISBN 978-0-7439-2693-5
© 2020 Teacher Created Materials, Inc.
Printed in Malaysia
Thumbprints.25941

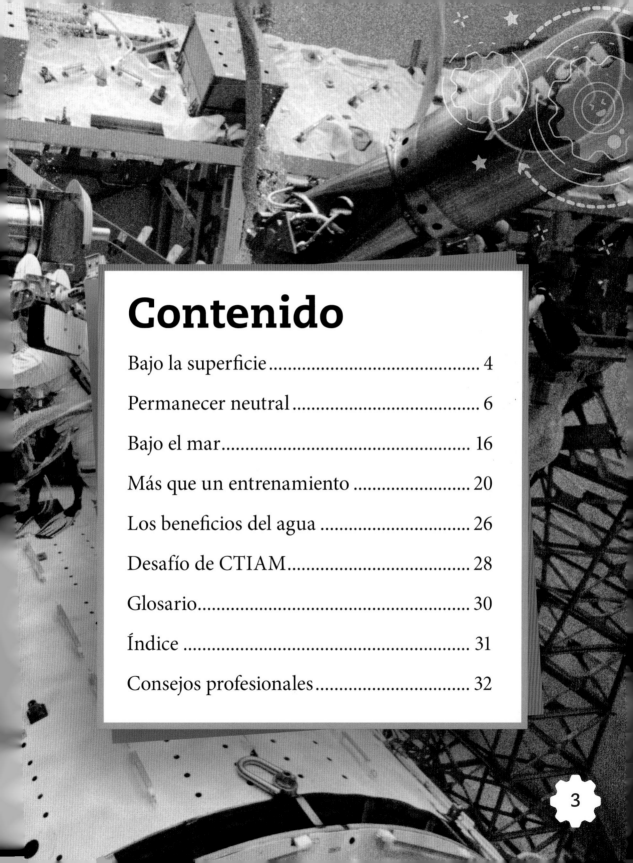

Contenido

Bajo la superficie

El agua tiene muchos usos. La bebes. Lavas cosas con ella. Nadas en ella. Pero ¿sabías que el agua se usa para entrenar a los **astronautas**?

Hay muy poca **gravedad** en el espacio. Eso significa que los astronautas flotan dentro de la nave espacial. Se sienten livianos, como si no tuvieran peso. El entrenamiento en el agua los ayuda a prepararse para lo que sentirán en el espacio.

Los astronautas no son los únicos que entrenan en el agua. Los deportistas también lo hacen. El agua también se puede usar para ayudar a las personas a recuperarse de una lesión. Y puede ayudar a quienes tienen enfermedades **crónicas**, como la artritis.

El astronauta Robert L. Curbeam Jr. entrena en una piscina.

Una deportista nada
en una piscina.

Estas mujeres hacen ejercicio
con pesas en una piscina.

Permanecer neutral

Puede que hayas notado que los objetos que son pesados en tierra firme parecen más livianos en el agua. Eso se debe a que el agua proporciona una fuerza de empuje hacia arriba. Por eso, algunas tareas que son difíciles en la tierra son mucho más fáciles en el agua. En la piscina, puedes levantar a tus amigos con facilidad. ¡Incluso puedes flotar!

La sensación de estar en el agua es parecida a la de estar en el espacio. De hecho, algunos astronautas entrenan en el agua antes de viajar al espacio. Lo hacen en **laboratorios** que tienen piscinas grandes. En la piscina, los astronautas cargan pesas para no flotar hasta la superficie ni hundirse hasta el fondo. A eso se le llama *flotación neutral*.

el Laboratorio de Flotación Neutral de la NASA

Un astronauta entrena en una piscina de flotación neutral.

Cuando Arquímedes descubrió la **flotabilidad**, se dice que gritó "¡Eureka!". Significa "Lo encontré". Ahora es una frase muy conocida que usa quien descubre algo.

Entrenar en todo el mundo

Hay piscinas de flotación neutral en todo el mundo. Hay una en Rusia. También hay una en Alemania. Los astronautas chinos practican en una piscina en Pekín.

En Estados Unidos, hay una piscina en Houston, Texas. Se construyó en 1995. Forma parte del Laboratorio de Flotación Neutral. Se colocan muchas cosas en la piscina para ayudar a los astronautas a entrenar. ¡Incluso se han puesto estaciones espaciales en la piscina! Cuando una estación entera no cabe en la piscina, se divide en partes. Se usa una grúa grande para colocar las partes en la piscina.

El astronauta Michael Barratt entrena para una caminata espacial en una piscina en Rusia.

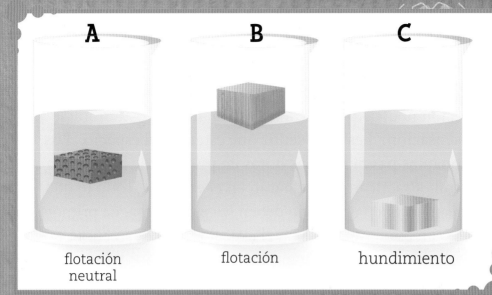

A   B   C

flotación neutral   flotación   hundimiento

La densidad

Para comprender cómo funciona el entrenamiento bajo el agua, es necesario entender qué es la densidad. La densidad es la cantidad de **materia** que tiene un objeto en relación con su tamaño. Las cosas que son menos densas que el agua flotan (ver imagen B arriba). Los objetos que son más densos que el agua se hunden (ver imagen C arriba). Cuando un objeto tiene la misma densidad que el agua, queda suspendido en el agua (ver imagen A arriba). No se hunde ni flota. A eso se le llama *flotación neutral*. Da una sensación de **ingravidez**.

Practicar, practicar y practicar

Hay muy poca gravedad en el espacio. La sensación es diferente de lo que se siente en la Tierra. Una piscina de flotación neutral permite a los astronautas acostumbrarse a esa sensación. Les hace sentir que están en el espacio. Los astronautas pasan muchas horas en piscinas de flotación neutral. Practican lo que harán en el espacio. Todo lo que planean hacer en el espacio deben hacerlo en el agua primero. Practican cómo moverse en el espacio. Practican cómo arreglar partes de la estación espacial, como los **telescopios**.

Los astronautas de la NASA practican para una misión espacial en el Laboratorio de Flotación Neutral.

108 metros

73 metros

Estación Espacial Internacional

31 metros

62 metros

Piscina de flotación neutral

MATEMÁTICAS

La piscina

La piscina de flotación neutral de Houston es enorme. Mide 62 metros (202 pies) de largo y 31 m (102 ft) de ancho. Tiene 12 m (40 ft) de profundidad. ¡Contiene más de 23 millones de litros (6 millones de galones) de agua! Algunas partes de la Estación Espacial Internacional (ISS, por sus siglas en inglés) se han recreado en el Laboratorio de Flotación Neutral para los entrenamientos. Como la ISS es mucho más grande que la piscina, las diferentes secciones no están conectadas como en el espacio.

Trabajar en el espacio es muy diferente de trabajar en la Tierra. Si dejas caer algo en el espacio, no puedes simplemente tomarlo del suelo. Se alejará flotando. Es difícil enviar suministros al espacio. Entonces, si una herramienta se pierde, reemplazarla puede ser difícil. Los astronautas necesitan estar listos antes de viajar al espacio. Practican mucho en la Tierra antes de subir al transbordador. Eso reduce la posibilidad de que pierdan o dejen caer cosas en el espacio.

Trabajar bajo el agua no es igual que trabajar en el espacio. Los astronautas no sienten la misma sensación de ingravidez. En una piscina, el peso se siente. También hay resistencia de los fluidos. Es más difícil mover los brazos y las piernas. A diferencia del espacio, el agua crea una resistencia. Pero estas piscinas especiales son la mejor manera de prepararse para viajar al espacio.

Una astronauta practica con las herramientas que usará en el espacio.

Un astronauta entrena para una misión en el Laboratorio de Flotación Neutral mientras los buzos observan y lo asisten.

Natatorio es otra manera de decir *piscina*. Generalmente es una piscina cubierta, que está dentro de un edificio propio.

¿Qué ropa hay que usar?

Cuando los astronautas están en las piscinas de flotación neutral, usan trajes especiales. Los trajes se parecen mucho a los que usan en el espacio. Pero no tienen la mayoría de los aparatos electrónicos. Los trajes incluyen pesas especiales. Las pesas logran que quien usa el traje se mantenga en flotación neutral. Impiden que se hunda hasta el fondo de la piscina. Tampoco le permiten flotar hasta la superficie.

Trabajar con estos trajes puestos no es fácil. Los trajes son muy rígidos. Los astronautas tienen que practicar cómo moverse dentro de los trajes. Tienen que moverse de manera diferente de como lo harían en la Tierra. El uso de estos trajes especiales en el agua ayuda a los astronautas a experimentar cómo será la vida en el espacio.

Dos astronautas se sumergen en la piscina con la ayuda de una grúa.

Un astronauta se pone el traje espacial.

Una moda espacial

Los trajes espaciales están diseñados para ser funcionales. Ayudan a los astronautas a respirar y mantenerse a salvo. Tienen muchas partes y capas diferentes. Pero los diseñadores también quieren que los trajes se vean bonitos. Cuando la gente piensa en los viajes espaciales, imagina los trajes espaciales. Los trajes son un símbolo del programa espacial. Los diseñadores dedican tiempo a elegir los colores, agregar detalles y hacer que los trajes sean lo más cómodos posible.

Bajo el mar

Los astronautas suelen pasar muchos días en el espacio. Viven en un transbordador espacial o una estación espacial. La vida en el espacio es muy diferente de la vida en tierra firme. Como preparación, algunos astronautas se van a vivir al océano.

Hay un laboratorio en las profundidades del océano frente a la costa de la Florida, y algunos astronautas entrenan allí. El laboratorio se llama Aquarius. Tiene el tamaño de un autobús escolar. Una estación espacial tiene casi el mismo tamaño.

Los astronautas pueden vivir muchos días en el laboratorio. Hay lugar para hasta siete personas. De esta forma, los astronautas se acostumbran a vivir juntos en un área pequeña. Mientras están en Aquarius, hacen investigaciones. Salen del laboratorio para practicar las tareas que harán en el espacio. Todo eso los prepara para la vida en el espacio.

Aquarius

Dos científicos trabajan dentro de Aquarius.

INGENIERÍA

Tan fuerte como el acero

Aquarius fue construido para resistir tormentas intensas y huracanes. Pesa 73 toneladas métricas (81 toneladas) y mide 13 m (43 ft) de largo. Está ubicado sobre una base que pesa 109 toneladas métricas (120 toneladas). La base tiene cuatro patas. Las patas pueden moverse hasta 2 m (7 ft) para adaptarse al movimiento del lecho marino.

Otros científicos también usan el laboratorio submarino. Los **ingenieros** visitan el laboratorio para estudiar los arrecifes de coral. También estudian el océano. Aprenden mucho mientras viven y trabajan bajo el agua.

La mayoría de las misiones en Aquarius duran unas dos semanas. Los buzos pueden pasar entre seis y nueve horas diarias en el agua. Eso les da tiempo para explorar y probar el equipo. Cuando bucean desde tierra firme, solo pueden estar pocas horas en el agua por día. Se pueden enfermar si se quedan más tiempo. Los cambios de presión afectan mucho el cuerpo.

Unos astronautas entrenan fuera de Aquarius.

Unos astronautas internacionales posan en Aquarius.

Los astronautas que han estado en Aquarius y en el espacio reciben un nombre especial. Se les llama *aquastronautas*.

Un astronauta de la NASA trabaja con herramientas bajo el agua.

Más que un entrenamiento

No tienes que ser astronauta para entrenar en el agua. Los deportistas hacen ejercicio en la piscina. Los ayuda a ganar fuerza.

A ejercitar

Los ejercicios acuáticos son una manera excelente de entrenar. Puedes hacer ejercicio en una piscina. Incluso puedes hacer ejercicio en un tanque especial. En el agua, hay menos presión sobre tu cuerpo. Algunos movimientos que son difíciles en tierra firme son fáciles en el agua. Por ejemplo, muchas personas no pueden pararse de manos en tierra firme. Pero en una piscina es mucho más fácil sostenerse con los brazos. Eso se debe a la flotabilidad. En el agua te sientes como si no pesaras nada. El agua también es buena para los músculos débiles. Intenta correr en una piscina. Es mucho más difícil que correr en tierra firme. El agua crea una resistencia natural que puede ayudar a desarrollar los músculos.

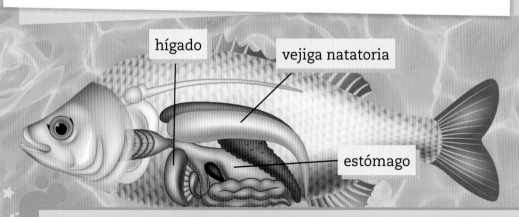

hígado

vejiga natatoria

estómago

La mayoría de los peces pueden controlar su flotabilidad. Tienen aire en el cuerpo que los ayuda a suspenderse en el agua. El aire adicional se almacena en un órgano llamado vejiga natatoria.

Las personas usan pesas de goma espuma y la resistencia del agua para desarrollar los músculos.

Una mujer hace ejercicio en el agua.

Las lesiones

El agua puede ayudarte si te lastimas un músculo o un hueso. Gracias a la flotabilidad, las personas lesionadas pueden hacer más ejercicios en el agua que en tierra firme. Los deportistas lesionados pueden mantenerse en forma mientras se curan. Su cuerpo sufre menos **estrés** cuando entrenan en el agua. Los **fisioterapeutas** a menudo llevan a los deportistas lesionados a las piscinas para ayudarlos a recuperarse.

La temperatura del agua es importante. El agua tibia relaja los músculos. El agua fría evita que los músculos se inflamen. Los terapeutas escogen la mejor opción para sus pacientes.

Esta fisioterapeuta trabaja con una paciente.

Correr bajo el agua

Se pueden usar cintas de correr sumergibles para ayudar a las personas a recuperarse de las lesiones. Correr en una cinta bajo el agua causa menos estrés en el cuerpo. Algunas cintas sumergibles tienen cámaras para que los fisioterapeutas se aseguren de que los pacientes caminen o corran correctamente.

Se pueden hacer muchos ejercicios en el agua.

23

Problemas crónicos

El agua puede ayudar a las personas que tienen enfermedades crónicas. A veces, estas enfermedades largas causan dolor. Hacer ejercicio en el agua puede ayudar a aliviar el dolor.

Algunas personas que tienen dolor crónico usan un dispositivo especial llamado tanque de flotación. El tanque está lleno de agua y sales de Epsom. La sal hace que el agua sea más densa. Por eso, la persona que está en el tanque flota hacia la superficie. El agua se mantiene a la temperatura del cuerpo, por lo que no se siente caliente ni fría al tacto.

El interior del tanque de flotación es silencioso. Está completamente oscuro. El agua hace que la persona que está dentro se sienta sin peso. Hay muy poca tensión en los músculos y las articulaciones. Eso ayuda a aliviar el dolor crónico.

Franklin D. Roosevelt fue el 32.º presidente de Estados Unidos. Tenía una enfermedad llamada **poliomielitis**. Recurrió a las terapias acuáticas para aliviar su dolor crónico.

Una mujer se relaja en un tanque de flotación.

tanque de flotación

Los beneficios del agua

Los astronautas entrenan en el agua. Los deportistas, también. Algunas personas hacen ejercicio en la piscina para recuperarse de lesiones. Quienes tienen dolores crónicos a menudo sienten algo de alivio al moverse en el agua. ¿Por qué tanta gente usa las piscinas para entrenar y recuperarse?

Los científicos y los médicos saben que el agua es útil. Los fisioterapeutas también lo saben. Ellos observan cómo las personas se mueven en el agua. Luego, piensan en maneras de ayudar. Tal vez diseñen mejores trajes espaciales. Tal vez inventen ejercicios nuevos.

La próxima vez que vayas a la piscina, piensa en todas las formas en que puede usarse. ¡No es solo para nadar!

Estas personas entrenan en una piscina.

DESAFÍO DE CTIAM

Define el problema

¡Una parte importante del entrenamiento de un astronauta se desarrolla aquí mismo, en la Tierra! Los científicos te han pedido que construyas un laboratorio submarino de flotación neutral. ¿Puedes modificar un objeto para que tenga flotación neutral?

Limitaciones: Solo puedes usar tres tipos de materiales para hacer el objeto.

Criterios: El objeto debe experimentar una flotación neutral durante 30 segundos en un recipiente con agua.

Investiga y piensa ideas

¿De qué manera el entrenamiento en el agua prepara a los astronautas para el espacio? ¿Qué es la flotación neutral? ¿Qué podrías agregar a un objeto que flota para que se hunda?

Diseña y construye

Observa los materiales. Luego, haz un bosquejo de tu diseño. ¿Qué propósito cumple cada parte? ¿Cuáles son los materiales que mejor funcionarán? Construye el modelo.

Prueba y mejora

Pon a prueba tu objeto en el recipiente con agua. ¿Funcionó? ¿Cómo lo mejorarías? Modifica tu diseño agregando o quitando cosas. Vuelve a intentarlo.

Reflexiona y comparte

¿Crees que el objeto tendría una flotación neutral en otros tipos de líquido? ¿Qué fue lo que te resultó más difícil de este desafío? ¿Cómo lo resolviste?

Glosario

astronautas: personas que viajan al espacio

crónicas: que continúan durante mucho tiempo o regresan a menudo

estrés: fuerza o tensión

fisioterapeutas: personas que tratan las lesiones, en ocasiones con agua o calor

flotabilidad: la capacidad de flotar

gravedad: una fuerza que hace que los objetos se atraigan unos a otros

ingenieros: personas que diseñan y construyen sistemas, máquinas, estructuras o productos complejos

ingravidez: una situación en la que no se siente el efecto de la gravedad

laboratorios: lugares que se usan para hacer experimentos científicos

materia: lo que forma todas las cosas

poliomielitis: una enfermedad grave que puede impedir el movimiento de una persona

resistencia de los fluidos: la fuerza de oposición o desaceleración de un líquido

telescopios: dispositivos que usan lentes para que los objetos se vean más grandes y parezcan estar más cerca

Índice

¿Quieres explorar el espacio?
Estos son algunos consejos para empezar.

"¿Qué niño no ha soñado con ser astronauta? ¡Explorar el espacio suena emocionante! Pero para ser astronauta no basta con ser inteligente: también hay que estar en forma. La mayoría de los astronautas estudian una o más de las asignaturas CTIM. Algo que todos los astronautas comparten es la curiosidad acerca del mundo".
—*Robert F. Van der Linden, curador, Museo Nacional del Aire y el Espacio*

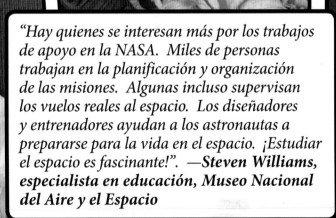

"Hay quienes se interesan más por los trabajos de apoyo en la NASA. Miles de personas trabajan en la planificación y organización de las misiones. Algunas incluso supervisan los vuelos reales al espacio. Los diseñadores y entrenadores ayudan a los astronautas a prepararse para la vida en el espacio. ¡Estudiar el espacio es fascinante!". —*Steven Williams, especialista en educación, Museo Nacional del Aire y el Espacio*